About this book

The First Thousand Words in French is an enormously popular book that has helped many thousands of children and adults learn new words and improve their French language skills.

You'll find it easy to learn words by looking at the **small labelled pictures**. Then you can practise the words by talking about the large central pictures. You can also **listen to the words** on the Usborne website (see below).

There is an alphabetical **word list** at the back of the book, which you can use to look up words in the picture pages.

Remember, this is a book of a thousand words. It will take time to learn them all.

Masculine and feminine words
When you look at French words for things such as "table" or "man", you will see that they have **le** or **la** in front of them. This is because all French words for people and things are either masculine or feminine. **Le** is the word for "the" in front of a masculine word, **la** is "the" in front of a feminine word, and you use **l'** in front of words that begin with "a", "e", "i", "o" or "u". For plurals (more than one, as in "tables" or "men"), the French word for "the" is **les**.

All the labels in this book show words for things with **le**, **la**, **l'** or **les**. Always learn them with this little word.

Looking at French words
A few French words have accents. These are signs that are written over or under some letters. Usually they are over the letter "e", and they change the way you say the letter.

How to say the French words
The best way to learn how to pronounce French words is to listen to a native French speaker. You can hear the words in this book, read by a native speaker, on the Usborne Quicklinks website. Just go to **www.usborne.com/quicklinks** and enter the keywords **1000 french**. There you can also find links to other useful websites about France and the French language.

Please note that Usborne Publishing is not responsible for the content of external websites. Please follow the internet safety guidelines on the Usborne Quicklinks website.

la boîte de peinture

les bouteilles

les poissons rouges

l'hélicoptère

le puzzle

le chocolat

La maison

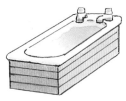
la baignoire

le savon

le robinet

le papier hygiénique

la brosse à dents

l'eau

les toilettes

l'éponge

le lavabo

la douche

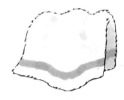
la serviette

le lit

La salle de bains

Le salon

le dentifrice

la radio

le coussin

le DVD

la moquette

le canapé

4

la chaise

la couette

le peigne

le drap

la descente de lit

l'armoire

La chambre

la télévision

la commode

le miroir

la brosse
à cheveux

L'entrée

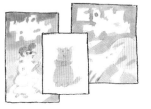
la lampe

les posters

le portemanteau

le téléphone

le radiateur

les fruits

le journal

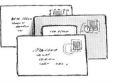
la table

les lettres

l'escalier

5

La cuisine

le réfrigérateur

les verres

la pendule

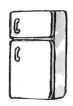
le tabouret

les petites
cuillères

l'interrupteur

le paquet
de lessive

la clé

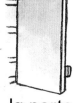
la porte

l'évier

l'aspirateur

les casseroles

les fourchettes

le tablier

la planche
à repasser

les ordures

la bouilloire

les couteaux

le balai à franges

le chiffon

les carreaux

le balai

le lave-linge

la pelle à ordures

le tiroir

les soucoupes

la poêle

la cuisinière

les cuillères en bois

les assiettes

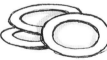
le fer à repasser

le placard

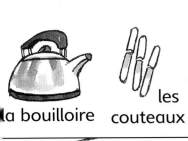

le torchon

les tasses

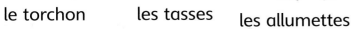
les allumettes

la brosse

les bols

le placard

7

la brouette

la ruche

l'escargot

les briques

le pigeon

la bêche

la coccinelle

la poubelle

les graines

l'appentis

Le jardin

l'arrosoir

le ver
de terre

les fleurs

le tourniquet

la binette

la guêpe

8

l'abeille

le déplantoir

l'os

la haie

la fourche

la tondeuse

le chemin

les feuilles

l'arbre

la fumée

la chenille

le râteau

le nid

les bâtons

l'herbe

le landau

les légumes

le feu

le tuyau
d'arrosage

la serre

9

L'atelier

les vis

l'étau

le papier
de verre

la perceuse

l'échelle

la scie

la sciure

le calendrier

la boîte à outils

le tournevis

la planche

les copeaux

le canif

10

les punaises

l'araignée

les boulons

les écrous

la toile d'araignée

le tonneau

la mouche

la hache

le mètre

le marteau

la lime

le pot de
peinture

le rabot

les morceaux
de bois

les clous

l'établi

les pots

11

La rue

le magasin

le trou

le café

l'ambulance

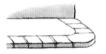
le trottoir

la statue

la cheminée

le toit

la chargeuse

l'hôtel

l'autobus

le monsieur

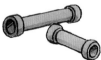
la voiture de police

les tuyaux

le marteau piqueur

l'école

la cour de récréation

12

le taxi

le passage
pour piétons

l'usine

le camion

le feu
de signalisation

le cinéma

la camionnette

le rouleau
compresseur

la remorque

la maison

le marché

les marches

la moto

la bicyclette

le camion de
pompiers

l'agent de
police

la voiture

la dame

le
lampadaire

l'immeuble 13

le train électrique

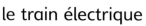
les dés

la flûte

le robot

le collier

l'appareil photo

les perles

les poupées

la guitare

la bague

la maison
de poupée

14

Le magasin de jouets

l'harmonica

le sifflet

les cubes

le château fort

le sous-marin

la trompette

les flèches

l'arc

le parachute

le bateau
à voiles

les bâtons de
maquillage

le rouleau
compresseur

les masques

la voiture
de course

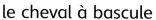
le cheval à bascule

la tirelire

les billes

les marionnettes

le piano

les astronautes

la grue

les cartes
à jouer

les tambours

les soldats
de plomb

la boîte de
peinture

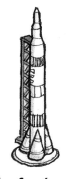
la fusée

15

les balançoires

le bac à sable

le pique-nique

le cerf-volant

la glace

le chien

la barrière

le chemin

la grenouille

le toboggan

16

Le jardin public

le banc

les têtards

le lac

les rollers

le buisson

 le bébé

 la planche à roulettes

 la terre

 la poussette

 la bascule

 les enfants

 le tricycle

 les oiseaux

 la clôture

 le ballon

 le bateau

 la ficelle

 la flaque d'eau

 les canetons

 la corde à sauter

 les arbres

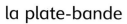 la plate-bande

les cygnes

la laisse

 les canards

17

Les animaux

le panda

l'aile

l'aigle

l'hippopotame

la chauve-souris

le gorille

les pattes

le singe

l'iceberg

le kangourou

la queue

le loup

le crocodile

le manchot

l'ours

les plumes

le pélican

l'autruche

le dauphin

le lion

les lionceaux

la girafe

le cerf

le dromadaire

le phoque

l'ours blanc

la tortue

la trompe

l'éléphant

le rhinocéros

le bison

les cornes

la chèvre

le zèbre

le castor

le serpent

le requin

la baleine

le tigre

le léopard

19

Le voyage

les rails

la locomotive

les tampons

les wagons

le mécanicien

le train de marchandises

le quai

la contrôleuse

la valise

la billetterie

La gare

Le garage

les feux de signalisation

le sac à dos

les phares

le moteur

la roue

la batterie

l'avion

l'hélicoptère

la piste

la tour de contrôle

L'aéroport

l'équipage

le pilote

le lavage-auto

LAVAGE-AUTO

le coffre

l'essence

la dépanneuse

le camion-citerne

la clef

le pneu

le capot

l'huile

la pompe à essence

21

La campagne

l'éolienne

la montgolfière

le papillon

le lézard

les pierres

le renard

le ruisseau

le poteau
indicateur

le hérisson

la montagne

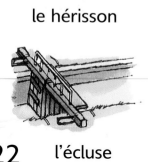

l'écluse

l'écureuil

la forêt

le blaireau

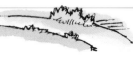

la rivière

la route

22

les tentes

le canal

les rondins

le village

le papillon de nuit

le pont

la péniche

la cascade

le hibou

le tunnel

les renardeaux

la taupe

le pêcheur

les rochers

le crapaud

le train

la caravane

la colline

23

la meule de foin

le chien de berger

les agneaux

la mare

les poussins

le grenier

la porcherie

le taureau

le poulailler

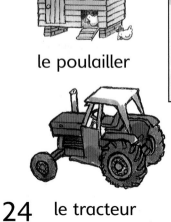
24 le tracteur

La ferme

le coq

les oies

le camion-citerne

le hangar

la boue

la charrett

 le fermier

 le champ

 les poules

 le veau

 la palissade

 la selle

 l'étable

 la vache

 la charrue

 le verger

 l'écurie

 les petits cochons

 l'âne

 les dindons

l'épouvantail

 la ferme

 le foin

les moutons

 les bottes de paille

 le cheval

les cochons

25

La plage

le bateau
à voiles

la mer

la rame

le phare

la pelle

le seau

l'étoile de mer

le château
de sable

le parasol

le drapeau

le marin

le coquillage

le crabe

la mouette

l'île

le canot
à moteur

le ski nautique

26

les vagues

le chapeau
de paille

la falaise

le navire

le kayak

la corde

les galets

les algues

le filet

la pagaie

le bateau
de pêche

les palmes

l'écran solaire

le poisson

le maillot
de bain

le pétrolier

la plage

la barque

le transat

27

les ciseaux

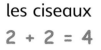

2 + 2 = 4
2 + 3 = 5

le calcul

la gomme

la règle

les photos

les feutres

l'argile

la boîte de
peinture

le garçon

le crayon

L'école

le tableau

28 le bureau

les livres

le stylo
plume

la colle

la craie

le dessin

la corbeille
à papier

l'institutrice

la boîte

la carte

le pinceau

le plafond

le mur

le plancher

le cahier

a b c d e f g
h i j k l m n
o p q r s t u
v w x y z

l'alphabet

le badge

l'aquarium

le papier

le store

la poignée

la plante

le globe

la fille

les crayons
cire

la lampe

le tableau
noir

29

l'infirmier

le coton

le médicament

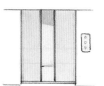

l'ascenseur

la robe de
chambre

les béquilles

les comprimés

le plateau

la montre

le thermomètre

L'hôpital

la pomme

30  le rideau

 le plâtre

 la bande

 le fauteuil
roulant

 le puzzle

 le docteur

 la seringue

Le docteur

les chaussons

l'ordinateur

le pansement

la banane

le raisin

le panier

les jouets

la poire

les cartes

la couche

la canne

l'oreiller

la chemise
de nuit

le pyjama

l'orange

les mouchoirs
en papier

la BD

la salle
d'attente

31

La fête

le ballon

le chocolat

les lunettes

le bonbon

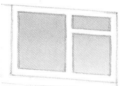
la fenêtre

les feux d'artifice

le ruban

le gâteau

les cadeaux

la paille

la bougie

la guirlande

les jouets

la clémentine

 le saucisson

 l'ours en peluche

 la saucisse

 les chips

 les déguisements

 la cerise

 le jus de fruits

 la framboise

  la fraise

 l'ampoule

 le sandwich

 le beurre

 le biscuit

le fromage

 le pain

 la nappe

33

le pamplemousse

la carotte

le chou-fleur

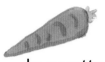
le poireau

le champignon

le concombre

le citron

le céleri

l'abricot

le melon

Le magasin

le sac

fromage

fruits et légumes

l'oignon

le chou

la pêche

la laitue

les petits pois

la tomate

les œufs

 la prune

 la farine

 la balance

 les bocaux

 la viande

 l'ananas

 le yaourt

 le panier

 les bouteilles

 le sac à main

 le porte-monnaie

 l'argent

 les boîtes de conserve

 les pommes de terre

les épinards

les haricots

 la caisse

la citrouille

 le chariot

35

La nourriture

le déjeuner

le petit déjeuner

l'œuf à la coque

le pain grillé

la confiture

le café

l'œuf au plat

la crème

le lait

les céréales

le chocolat chaud

le sucre

le miel

le sel

le poivre

le thé

la théière

les crêpes

les petits pains

le dîner

le jambon

la soupe

l'omelette

la salade

les baguettes

le hamburger

le poulet

le riz

le ketchup

les spaghetti

la purée

la pizza

les frites

les desserts

37

Moi

la tête

les cheveux

la figure

le bras

le coude

le ventre

le sourcil

l'œil

le nez

la joue

la bouche

les lèvres

les dents

la langue

le menton

les oreilles

le cou

les épaules

les doigts de pied

le pied

la jambe

le genou

la poitrine

le dos

le derrière

la main

le pouce

les doigts

Les vêtements

 les chaussettes

 le slip

 le maillot de corps

 le pantalon

 le jean

 le tee-shirt

 la jupe

 la chemise

 la cravate

 le short

 le collant

 la robe

 le pull-over

 le sweat-shirt

 le gilet

 l'écharpe

 le mouchoir

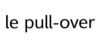 les tennis

 les chaussures

 les sandales

 les bottes

 les gants

 la ceinture

 la boucle

 la fermeture éclair

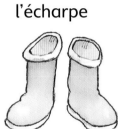 le lacet

 le bouton

 les boutonnières

les poches

 le manteau

 le blouson

 la casquette

 le chapeau

39

Les gens

l'acteur   l'actrice

le cuisinier

le chanteur

la chanteuse

le danseur   la danseuse

l'astronaute

le boucher

les agents
de police

le menuisier

le pompier

l'artiste

le juge

le mécanicien

la mécanicienne

40

le coiffeur

le chauffeur
de camion

le conducteur
d'autobus

la dentiste

le plongeur

le serveur

la serveuse

le facteur

le peintre

la
boulangère

La famille

le fils
le frère

la fille
la sœur

la mère
la femme

le père
le mari

la tante   l'oncle

l'animal
familier

le cousin

le grand-père

la grand-mère

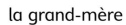

41

Les actions

sourire

pleurer

penser

écouter

rire

attraper

lancer

casser

peindre

écrire

couper

couper

manger

parler

creuser

porter

boire

faire

sauter

danser

se laver

tricoter

ramper

jouer

regarder

grimper

se bagarrer

dormir

prendre

coudre

sauter à la corde

attendre

faire la cuisine

se cacher

lire

acheter

pousser

chanter

souffler

tirer

balayer

cueillir

tomber

marcher

courir

être assis

43

Les contraires

bien

mal

le haut

le bas

froid

chaud

loin

près

mouillé

sec

sur

sous

gros

maigre

sale

propre

petit

grand

ouvert

fermé

peu

beaucoup

premier

dernier

à gauche

44

dehors

dedans

facile

difficile

vide

plein

mou

dur

devant

haut

lent

rapide

derrière

bas

long

court

mort

vivant

sombre

clair

vieux

en haut

à droite

neuf

en bas

45

Les jours

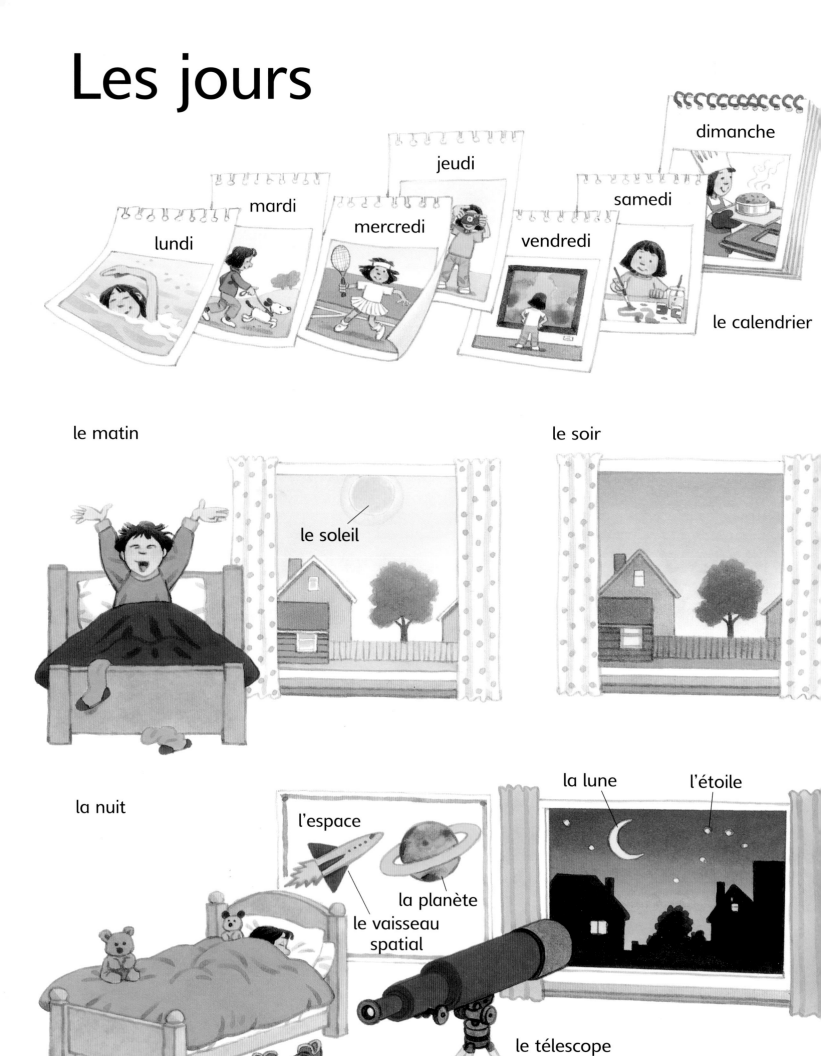

lundi

mardi

mercredi

jeudi

vendredi

samedi

dimanche

le calendrier

le matin

le soir

le soleil

la nuit

l'espace

la lune

l'étoile

la planète

le vaisseau spatial

le télescope

Jours de fête

l'anniversaire

la carte d'anniversaire

la bougie

le cadeau

le gâteau d'anniversaire

les vacances

le jour du mariage

les invités

l'appareil photo

la demoiselle d'honneur

la mariée

le marié

le photographe

Noël

le renne

le père Noël

le traîneau

le sapin de Noël

47

Le temps

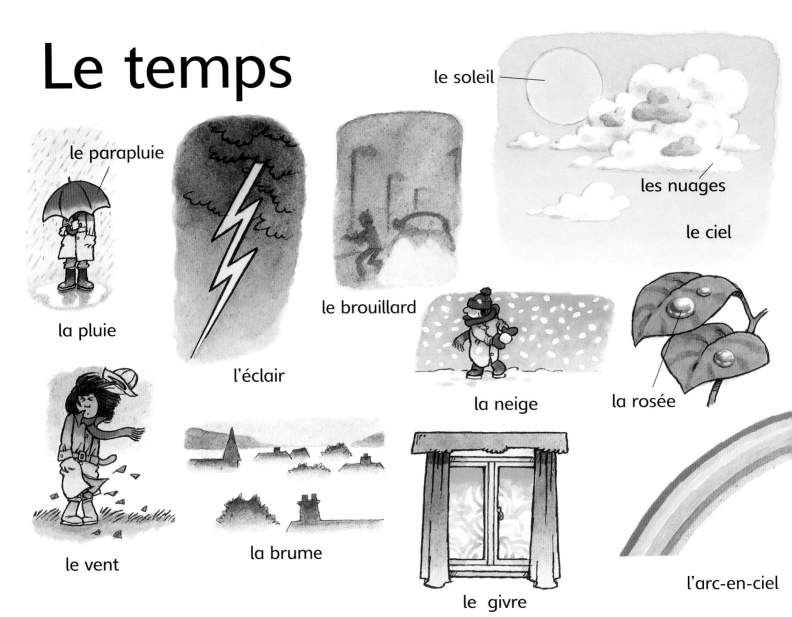

le parapluie

la pluie

l'éclair

le brouillard

le soleil

les nuages

le ciel

la neige

la rosée

le vent

la brume

le givre

l'arc-en-ciel

Les saisons

le printemps

l'été

l'automne

l'hiver

Les animaux familiers

le hamster

la vétérinaire

le cochon d'Inde

la niche

le chiot

le chien

la perruche

la nourriture

le perroquet

le bec

le lapin

le canari

la cage

le chat

le panier

la souris

le chaton

le lait

les poissons rouges

Les sports

la voile

l'aviron

le basket

la voile

le surf de neige

la planche
à voile

le cricket

la raquette

le karaté

le tennis

le football
américain

la gymnastique

la batte

la balle

la canne
à pêche

l'appât

la pêche

le rugby

la danse

le base-ball

le plongeon

la piscine

la natation

la course

le tir à l'arc

la cible

le deltaplane

le jogging

le casque

le cyclisme

l'escalade

le judo

le cheval

le poney

le casier

le football

l'équitation

le vestiaire

le badminton

les patins à glace

le tennis de table

le patinage

le bâton

le télésiège

les skis

le ski

le sumo

51

Les couleurs

orange

vert

noir

gris

rouge

marron

blanc   bleu   rose   violet   jaune

Les formes

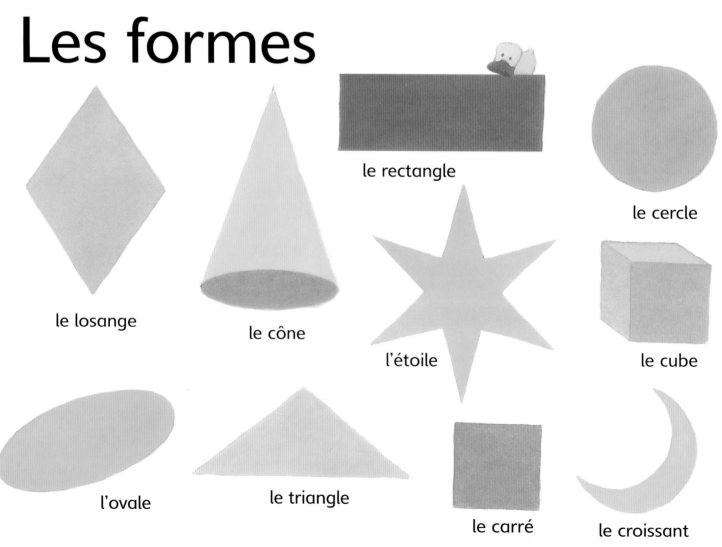

le rectangle

le cercle

le losange

le cône

l'étoile

le cube

l'ovale   le triangle   le carré   le croissant

52

Les nombres

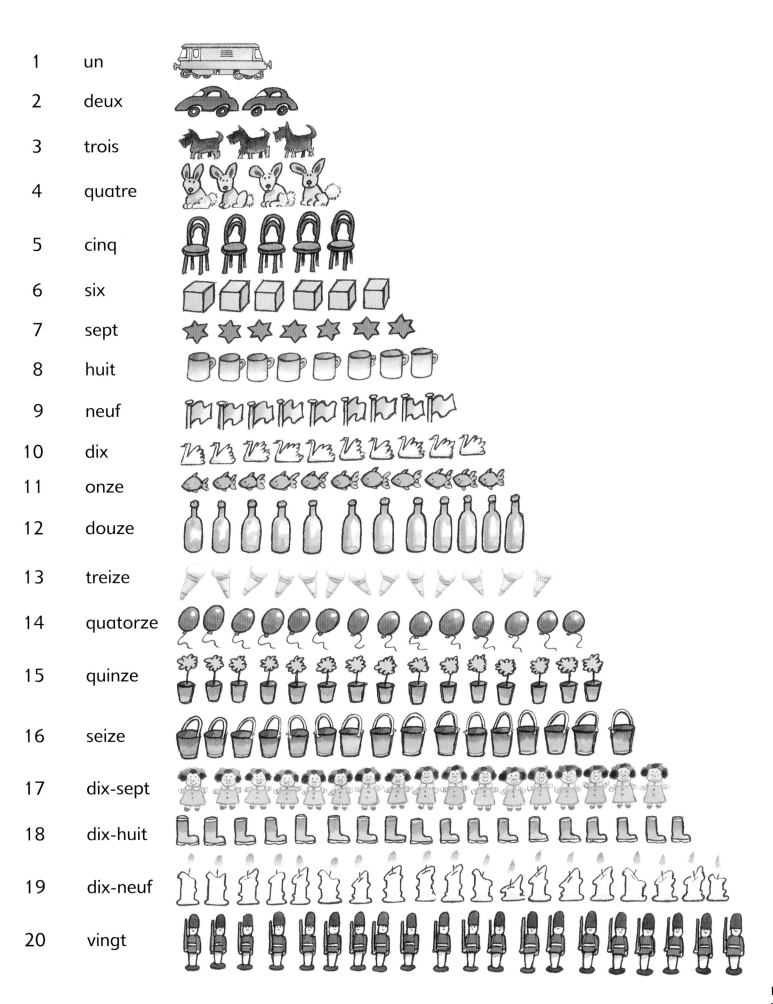

1   un

2   deux

3   trois

4   quatre

5   cinq

6   six

7   sept

8   huit

9   neuf

10   dix

11   onze

12   douze

13   treize

14   quatorze

15   quinze

16   seize

17   dix-sept

18   dix-huit

19   dix-neuf

20   vingt

La fête foraine

le manège

la barbe à papa

la grande roue

le train fantôme

le pop-corn

les anneaux

les autos tamponneuses

le paillasson

le toboggan géant

les montagnes russes

Le cirque

le funambule

la perche

le trapèze

le cycliste acrobate

l'échelle de corde

le fil

le filet

le lapin

les acrobates

le dresseur

le cerceau

le chien

le haut-de-forme

le jongleur

le nœud papillon

l'orchestre

l'écuyère

le clown

55

Word list

In this list, you can find all the French words in this book. They are listed in alphabetical order. Next to each one, you can see its pronunciation (how to say it) in letters *like this*, and then its English translation.

Remember that French nouns (words for things) are either masculine or feminine (see page 3). In the list, each one has **le**, **la**, **l'** or **les** in front of it. These all mean "the". The words with **le** are masculine, those with **la** are feminine.

French nouns that begin with "a", "e", "i", "o" or "u", and many that begin with "h", have **l'** in front of them. At the end, you will see **(m)** or **(f)** to show if the word is masculine or feminine. Plural nouns (a noun is plural if you are talking about more than one, for example "cats") have **les** in front. These are also followed by **(m)** or **(f)**.

About French pronunciation
Read the pronunciation guide as if it were an English word, but try to remember the following points about how French words are said:

- the French **j** is said like the "s" in "treasure"
- when you see (n) or (m) in a pronunciation, you should barely say the "n" or "m"; say the letter that is before it through your nose, as if you had a cold
- the French **r** is made at the back of the throat and sounds a little like gargling
- the French **u** is not like any sound in English. It is a little like a cross between the "ew" of "few" and the "oo" of "food". To say it, round your lips to say "oo", then try to say "ee"; the pronunciation guide uses the letters "ew" to show this sound.

A

l'abeille (f)	*labbay*	bee
l'abricot (m)	*labreekoh*	apricot
acheter	*ash-tai*	to buy
les acrobates (m/f)	*laiz akro-bat*	acrobats
l'acteur (m)	*lak-tuhr*	actor
les actions (f)	*laiz ak-see-o(n)*	actions
l'actrice (f)	*lak-treess*	actress
l'aéroport (m)	*la-ai-roh-por*	airport
l'agent de police (m)	*la-jo(n) duh poleess*	policeman
les agents de police (m/f)	*laiz a-jo(n) duh poleess*	police
les agneaux (m)	*laiz an-yoh*	lambs
l'aigle (m)	*laigl*	eagle
l'aile (f)	*lail*	wing
les algues (f)	*laiz alg*	seaweed
les allumettes (f)	*laiz allewmett*	matches
l'alphabet (m)	*lalfa-bai*	alphabet
l'ambulance (f)	*lo(m)bewla(n)ss*	ambulance
l'ampoule (f)	*lo(m)pool*	(light) bulb
l'ananas (m)	*lanna-na*	pineapple
l'âne (m)	*lan*	donkey
l'animal familier (m)	*lanneemal fammeel-yai*	pet
les animaux (m)	*laiz anneemoh*	animals
les animaux familiers (m)	*laiz anneemoh fammeel-yai*	pets
les anneaux (m)	*laiz annoh*	hoop-la
l'anniversaire (m)	*lannee-vair-sair*	birthday
l'appareil photo (m)	*lappa-ray fotoh*	camera
l'appât (m)	*lappa*	bait
l'appentis (m)	*lappo(n)tee*	shed
l'aquarium (m)	*lakwaree-om*	aquarium
l'araignée (f)	*la-renn-yai*	spider
l'arbre (m)	*larbr*	tree
les arbres (m)	*laiz arbr*	trees
l'arc (m)	*lark*	bow
l'arc-en-ciel (m)	*lark o(n) see-ell*	rainbow
l'argent (m)	*lar-jo(n)*	money
l'argile (f)	*lar-jeel*	clay
l'armoire (f)	*lar-mwar*	cupboard
l'arrosoir (m)	*larrozwar*	watering can

l'artiste (m/f)	*lar-teest*	artist (man/woman)
l'ascenseur (m)	*lasso(n)-suhr*	lift
l'aspirateur (m)	*lass-peera-tuhr*	vacuum cleaner
les assiettes (f)	*laiz ass-yett*	plates
l'astronaute (m/f)	*lass-troh-noht*	astronaut (man/woman)
les astronautes (m/f)	*laiz ass-troh-noht*	spacemen
l'atelier (m)	*lattuh-lee-yai*	workshop
attendre	*atto(n)dr*	to wait
attraper	*attra-pai*	to catch
l'autobus (m)	*lohto-bewss*	bus
l'automne (m)	*loh-tonn*	autumn
les autos tamponneuses (f)	*laiz ohtoh to(m)ponnuhz*	dodgems
l'autruche (f)	*loh-trewsh*	ostrich
l'avion (m)	*lav-yo(n)*	plane
l'aviron (m)	*lavee-ro(n)*	rowing

B

le bac à sable	*luh bak a sabl*	sandpit
le badge	*luh badj*	badge
le badminton	*luh bad-meen-ton*	badminton
se bagarrer	*suh ba-garrai*	to fight
la bague	*la bag*	ring
les baguettes (f)	*lai baggett*	chopsticks
la baignoire	*la bai-nwar*	bath
le balai	*luh ballai*	broom
le balai à franges	*luh ballai a fro(n)j*	mop
la balance	*la ballo(n)ss*	scales
les balançoires (f)	*lai ballo(n)-swar*	swings
balayer	*ballai-yai*	to sweep
la baleine	*la ballenn*	whale
la balle	*la bal*	ball (small)
le ballon	*luh ballo(n)*	ball (large), balloon
la banane	*la banann*	banana
le banc	*luh bo(n)*	bench
la bande	*la bon(n)d*	bandage
la barbe à papa	*la barb a pappa*	candy floss
la barque	*la bark*	rowing boat
la barrière	*la baryair*	gate
bas	*ba*	low

le bas	luh ba	bottom (not top)
la bascule	la bass-kewl	seesaw
le base-ball	luh bais-boll	baseball
le basket	luh bass-kett	basketball
le bateau	luh battoh	boat
le bateau à voiles	luh battoh a vwal	sailing boat
le bateau de pêche	luh battoh duh pesh	fishing boat
le bâton (de ski)	luh batto(n) (duh skee)	ski pole
les bâtons (m)	lai batto(n)	sticks
les bâtons de maquillage (m)	lai batto(n) duh makee-yaj	face paints
la batte	la batt	bat (for sport)
la batterie	la batt-ree	battery
la BD	la bai-dai	comic book
beaucoup	boh-koo	many
le bébé	luh baibai	baby
le bec	luh bek	beak
la bêche	la besh	spadel
les béquilles (f)	lai bekeey	crutches
le beurre	luh burr	butter
la bicyclette	la beesee-klett	bicycle
bien	b'ya(n)	well, good
les billes (f)	lai beey	marbles
la billetterie	la bee-yet-tree	ticket machine
la binette	la beennett	hoe
le biscuit	luh beess-kwee	biscuit
le bison	luh beezo(n)	bison
le blaireau	luh blai-roh	badger
blanc	blo(n)	white
bleu	bluh	blue
le blouson	luh bloo-zo(n)	jacket
les bocaux (m)	lai bokkoh	jars
boire	bwar	to drink
la boîte	la bwatt	box
la boîte à outils	la bwatt a ootee	toolbox
la boîte de peinture	la bwatt duh pa(n)tewr	paintbox
les boîtes de conserve (f)	lai bwatt duh ko(n)sairv	tins (of food)
les bols (m)	lai bol	bowls
le bonbon	luh bo(n)bo(n)	sweet
les bottes (f)	lai bott	boots (to wear)
les bottes de paille (f)	lai bott duh pie	straw bales
la bouche	la boosh	mouth
le boucher	luh booshai	butcher (man)
la bouchère	la booshair	butcher (woman)
la boucle	la bookl	buckle
la boue	la boo	mud
la bougie	la boo-jee	candle
la bouilloire	la booy-war	kettle
le boulanger	luh boolo(n)-jai	baker (man)
la boulangère	la boolo(n)-jair	baker (woman)
les boulons (m)	lai boolo(n)	bolts
les bouteilles (f)	lai boo-tay	bottles
le bouton	luh booto(n)	button
les boutonnières (f)	lai boo-ton-yair	button holes
le bras	luh bra	arm
les briques (f)	lai breek	bricks
la brosse	la bross	brush
la brosse à cheveux	la bross a shuh-vuh	hairbrush
la brosse à dents	la bross a do(n)	toothbrush

la brouette	la broo-ett	wheelbarrow
le brouillard	luh broo-yar	fog
la brume	la brewm	mist
le buisson	luh bwee-so(n)	bush
le bureau	luh bew-roh	desk

C

se cacher	suh kashai	to hide
les cadeaux (m)	lai kaddoh	presents
le café	luh kaffai	café, coffee
la cage	la kaj	cage
le cahier	luh ka-yai	notebook
la caisse	la kess	checkout
le calcul	luh kal-kewl	sums
le calendrier	luh kallo(n)-dree-yai	calendar
le camion	luh kam-yo(n)	lorry
le camion-citerne	luh kam-yo(n) seetairn	tanker (lorry)
le camion de pompiers	luh kam-yo(n) duh po(m)p-yai	fire engine
la camionnette	la kam-yonnett	van
la campagne	la ko(m)-pan-yuh	countryside
le canal	luh kannal	canal
le canapé	luh kannapai	sofa
les canards (m)	lai kannar	ducks
le canari	luh kannaree	canary
les canetons (m)	lai kan-to(n)	ducklings
le canif	luh kanneef	penknife
la canne	la kann	walking stick
la canne à pêche	la kann a pesh	fishing rod
le canot à moteur	luh kannoh a moh-tuhr	motorboat
le capot	luk kappoh	bonnet (of a car)
la caravane	la karavan	caravan
la carotte	la karot	carrot
le carré	luh karrai	square
les carreaux (m)	lai karroh	tiles
la carte	la kart	map
la carte d'anniversaire	la kart dannee-vair-sair	birthday card
les cartes (f)	lai kart	cards
les cartes à jouer (f)	lai kart a joo-ay	playing cards
la cascade	la kass-kad	waterfall
le casier	luh cazyai	locker
le casque	luh kask	helmet
la casquette	la kass-kett	cap
casser	kassai	to break
les casseroles (f)	lai kass-rol	saucepans
le castor	luh kass-tor	beaver
la ceinture	la sa(n)tewr	belt
le céleri	luh sell-ree	celery
le cerceau	luh sair-soh	hoop
le cercle	luh sairkl	circle
les céréales (f)	lai sai-rai-al	cereal
le cerf	luh sair	deer
le cerf-volant	luh sair vollo(n)	kite
la cerise	la suh-reez	cherry
la chaise	la shaiz	chair
la chambre	la sho(m)br	bedroom
le champ	luh sho(m)	field
le champignon	luh sho(m)peen-yo(n)	mushroom
chanter	sho(n)tai	to sing

57

le chanteur	*luh sho(n)-tuhr*	singer (man)
la chanteuse	*la sho(n)-tuhz*	singer (woman)
le chapeau	*luh shappoh*	hat
le chapeau de paille	*luh shappoh duh pie*	straw hat
la chargeuse	*la shar-juhz*	digger (loader)
le chariot	*luh sharee-oh*	trolley
la charrette	*la sharrett*	cart
la charrue	*la sharrew*	plough
le chat	*luh sha*	cat
le château de sable	*luh shattoh duh sabl*	sandcastle
le château fort	*luh shattoh for*	castle
le chaton	*luh shatto(n)*	kitten
chaud	*shoh*	hot
le chauffeur de camion	*luh shoffuhr duh kam-yo(n)*	lorry driver (man/woman)
les chaussettes (f)	*lai shossett*	socks
les chaussons (m)	*lai shosso(n)*	slippers
les chaussures (f)	*lai shossewr*	shoes
la chauve-souris	*la shohv-sooree*	bat (animal)
le chemin	*luh shuh-ma(n)*	path
la cheminée	*la shuh-meenai*	chimney
la chemise	*la shuh-meez*	shirt
la chemise de nuit	*la shuh-meez duh nwee*	nightdress
la chenille	*la shuh-neey*	caterpillar
le cheval	*luh shuh-val*	horse
le cheval à bascule	*luh shuh-val a baskewl*	rocking horse
les cheveux (m)	*lai shuh-vuh*	hair
la chèvre	*la shaivr*	goat
le chien	*luh shee-a(n)*	dog
le chien de berger	*luh shee-a(n) duh bair-jai*	sheepdog
le chiffon	*luh shee-fo(n)*	duster
le chiot	*luh shee-oh*	puppy
les chips (f)	*lai sheeps*	crisps
le chocolat	*luh shokola*	chocolate
le chocolat chaud	*luh shokola shoh*	hot chocolate
le chou	*luh shoo*	cabbage
le chou-fleur	*luh shoo-fluhr*	cauliflower
la cible	*la seebl*	target
le ciel	*luh s'yell*	sky
le cinéma	*luh seenaima*	cinema
cinq	*sank*	five
le cirque	*luh seerk*	circus
les ciseaux (m)	*lai seezoh*	scissors
le citron	*luh seetro(n)*	lemon
la citrouille	*la seetrooy*	pumpkin
clair	*klair*	light (not dark)
la clé	*la klai*	key
la clef	*la klai*	key, spanner
la clémentine	*la klemmo(n)-teen*	clementine
la clôture	*la kloh-tewr*	fence
les clous (m)	*lai kloo*	nails
le clown	*luh kloon*	clown
la coccinelle	*la kok-see-nell*	ladybird
le cochon d'Inde	*luh ko-sho(n) da(n)d*	guinea pig
les cochons (m)	*lai ko-sho(n)*	pigs
le coffre	*luh kofr*	boot (of a car)
le coiffeur	*luh kwa-fuhr*	hairdresser (man)
la coiffeuse	*la kwa-fuhz*	hairdresser (woman)
le collant	*luh kollo(n)*	tights
la colle	*la kol*	glue
le collier	*luh kol-yai*	necklace
la colline	*la kolleen*	hill

la commode	*la komod*	chest of drawers
les comprimés (m)	*lai ko(m)pree-mai*	pills
le concombre	*luh ko(n)-ko(m)br*	cucumber
le conducteur d'autobus	*luh ko(n)-dewktuhr doh-toh-bewss*	bus driver (man)
la conductrice d'autobus	*la ko(n)-dewk-treess doh-toh-bews*	bus driver (woman)
le cône	*luh konn*	cone
la confiture	*la ko(n)fee-tewr*	jam
les contraires (m)	*lai ko(n)trair*	opposites
le contrôleur	*luh ko(n)troh-luhr*	ticket inspector (man)
la contrôleuse	*la ko(n)troh-luhz*	ticket inspector (woman)
les copeaux (m)	*lai koppoh*	(wood) shavings
le coq	*luh kok*	cockerel
le coquillage	*luh kokee-yaj*	shell
la corbeille à papier	*la kor-bay a papyai*	wastepaper bin
la corde	*la kord*	rope
la corde à sauter	*la kord a sohtai*	skipping rope
les cornes (f)	*lai korn*	horns
le coton	*luh ko-to(n)*	cotton
le cou	*luh koo*	neck
la couche	*la koosh*	nappy
le coude	*luh kood*	elbow
coudre	*koodr*	to sew
la couette	*la k'wett*	duvet
les couleurs (f)	*lai koo-luhr*	colours
couper	*koo-pai*	to cut, to chop
la cour de récréation	*la koor duh rekrai-ass-yo(n)*	playground
courir	*kooreer*	to run
la course	*la koorss*	race
court	*koor*	short
le cousin	*luh kooza(n)*	cousin (boy)
la cousine	*la koozeen*	cousin (girl)
le coussin	*luh koo-sa(n)*	cushion
les couteaux (m)	*lai koo-toh*	knives
le crabe	*luh krab*	crab
la craie	*la krai*	chalk
le crapaud	*luh kra-poh*	toad
la cravate	*la kra-vatt*	tie
le crayon	*luh krai-yo(n)*	pencil
les crayons cire (m)	*lai krai-yo(n) seer*	crayons
la crème	*la krem*	cream
les crêpes (f)	*lai krep*	pancakes
creuser	*kruh-zai*	to dig
le cricket	*luh kree-ket*	cricket (sport)
le crocodile	*luh kro-ko-deel*	crocodile
le croissant	*luh krwa-so(n)*	crescent
le cube	*luh kewb*	cube
les cubes (m)	*lai kewb*	bricks
cueillir	*kuh-yeer*	to pick
les cuillères en bois (f)	*lai kwee-yair o(n) bwa*	wooden spoons
la cuisine	*la kwee-zeen*	kitchen
le cuisinier	*luh kwee-zeen-yai*	cook (man)
la cuisinière	*la kwee-zeen-yair*	cooker, cook (woman)
le cyclisme	*luh see-kleessm*	cycling
le/la cycliste acrobate (m/f)	*luh/la see-kleest akro-bat*	trick cyclist (man/woman)
les cygnes (m)	*lai seen-yuh*	swans

D

la dame	*la dam*	woman, lady
la danse	*la do(n)ss*	dance

danser	*do(n)sai*	to dance
le danseur	*luh do(n)-suhr*	dancer (man)
la danseuse	*la do(n)-suhz*	dancer (woman)
le dauphin	*luh doh-fa(n)*	dolphin
dedans	*duhdo(n)*	inside
les déguisements (m)	*lai dai-guee-zuh-mo(n)*	fancy dress
dehors	*duh-or*	outside
le déjeuner	*dai-juh-nai*	lunch
le deltaplane	*luh delta-plan*	hang gliding
la demoiselle d'honneur	*la duh-mwa-zel do-nuhr*	bridesmaid
le dentifrice	*luh do(n)tee-freess*	toothpaste
le/la dentiste (m/f)	*luh/la do(n)teest*	dentist (man/woman)
les dents (f)	*lai do(n)*	teeth
la dépanneuse	*la depannuhz*	breakdown lorry
le déplantoir	*luh deplo(n)-twar*	trowel
dernier	*dairn-yai*	last
derrière	*dair-yair*	behind
le derrière	*luh dair-yair*	bottom (of body)
les dés (m)	*lai dai*	dice
la descente de lit	*la desso(n)t duh lee*	rug
les desserts (m)	*lai dessair*	pudding
le dessin	*luh dessa(n)*	drawing
deux	*duh*	two
devant	*duhvo(n)*	front
difficile	*dee-fee-seel*	difficult
dimanche (m)	*dee-mo(n)sh*	Sunday
les dindons (m)	*lai da(n)-do(n)*	turkeys
le dîner	*luh deenai*	dinner (evening meal)
dix	*deess*	ten
dix-huit	*deez-weet*	eighteen
dix-neuf	*deez-nuhf*	nineteen
dix-sept	*deessett*	seventeen
le docteur	*luh doktuhr*	doctor
les doigts (m)	*lai dwa*	fingers
les doigts de pied (m)	*lai dwa duh p'yai*	toes
dormir	*dor-meer*	to sleep
le dos	*luh doh*	back (of body)
la douche	*la doosh*	shower
douze	*dooz*	twelve
le drap	*luh dra*	sheet
le drapeau	*luh dra-poh*	flag
le dresseur	*luh dress-uhr*	ring master
à droite	*a drwat*	(on/to the) right
le dromadaire	*luh dromma-dair*	camel
dur	*dewr*	hard
le DVD	*luh dayvayday*	DVD

E

l'eau (f)	*loh*	water
l'écharpe (f)	*laisharp*	scarf
l'échelle (f)	*laishell*	ladder
l'échelle de corde (f)	*laishell duh kord*	rope ladder
l'éclair (m)	*lai-klair*	lightning
l'écluse (f)	*lai-klewz*	lock (on canal)
l'école (f)	*lai-koll*	school
écouter	*aikootai*	to listen
l'écran solaire (m)	*lai-kro(n) solair*	suncream
écrire	*aikreer*	to write
les écrous (m)	*laiz aikroo*	nuts (workshop)
l'écureuil (m)	*laikew-ruh-y*	squirrel
l'écurie (f)	*laikew-ree*	stable
l'écuyer (m)	*laikweeyai*	(bareback) rider (man)

l'écuyère (f)	*laikweeyair*	(bareback) rider (woman)
l'éléphant (m)	*lailaifo(n)*	elephant
en bas	*o(n) ba*	downstairs
les enfants (m/f)	*laiz o(n)fo(n)*	children
en haut	*o(n) oh*	upstairs
l'entrée (f)	*lo(n)trai*	hall
l'éolienne (f)	*lai-ol-yen*	windmill
les épaules (f)	*laiz ai-pohl*	shoulders
les épinards (m)	*laiz aipeenar*	spinach
l'éponge (f)	*laipo(n)j*	sponge
l'épouvantail (m)	*laipoo-vo(n)-tie*	scarecrow
l'équipage (m)	*laikeepaj*	cabin crew
l'équitation (f)	*laikeetass-yo(n)*	riding
l'escalade (f)	*leska-lad*	climbing
l'escalier (m)	*leskal-yai*	stairs, staircase
l'escargot (m)	*leskar-goh*	snail
l'espace (m)	*lespass*	space
l'essence (f)	*lesso(n)ss*	petrol
l'étable (f)	*laita-bl*	cowshed
l'établi (m)	*laita-blee*	workbench
l'étau (m)	*laittoh*	vice
l'été (m)	*laittai*	summer
l'étoile (f)	*laitwal*	star
l'étoile de mer (f)	*laitwal duh mair*	starfish
être assis	*aitr assee*	to sit
l'évier (m)	*laiv-yai*	sink

F

facile	*fa-seel*	easy
le facteur	*luh faktuhr*	postman
la factrice	*la faktreess*	postwoman
faire	*fair*	to make
faire la cuisine	*fair la kwee-zeen*	to cook
la falaise	*la falaiz*	cliff
la famille	*la fa-meey*	family
la farine	*la fa-reen*	flour
le fauteuil roulant	*luh fohtuh-y roolo(n)*	wheelchair
la femme	*la fam*	woman, wife
la fenêtre	*la fuh-naitr*	window
le fer à repasser	*luh fair a ruhpassai*	iron
la ferme	*la fairm*	farm, farmhouse
fermé	*fairmai*	closed
la fermeture éclair	*la fairmuh-tewr aiclair*	zip
le fermier	*luh fairm-yai*	farmer (man)
la fermière	*la fairm-yair*	farmer (woman)
la fête	*la fett*	party
la fête foraine	*la fett forenn*	fair, fairground
le feu	*luh fuh*	fire
le feu de signalisation	*luh fuh duh seen-ya-lee-zasseeo(n)*	traffic light, railway signal
les feuilles (f)	*lai fuh-yuh*	leaves
les feutres (m)	*lai fuh-tr*	felt-tips
les feux d'artifice (m)	*lai fuh dartee-feess*	fireworks
les feux de signalisation (m)	*lai fuh duh seen-ya-lee-zasseeo(n)*	traffic lights, railway signals
la ficelle	*la fee-sell*	string
la figure	*la fee-gewr*	face
le fil	*luh feel*	wire, tightrope
le filet	*luh fee-lai*	net
la fille	*la fee-yuh*	girl, daughter
le fils	*luh feess*	son
la flaque d'eau	*la flak doh*	puddle
les flèches (f)	*lai flesh*	arrows
les fleurs (f)	*lai fluhr*	flowers
la flûte	*la flewt*	flute

59

French	Pronunciation	English
le foin	*luh fwa(n)*	hay
le football	*luh foot-bol*	football
le football américain	*luh foot-bol a-maireeka(n)*	American football
la forêt	*la forrai*	forest
les formes (f)	*lai form*	shapes
la fourche	*la foorsh*	garden fork
les fourchettes (f)	*lai foorshett*	forks
la fraise	*la fraiz*	strawberry
la framboise	*la fro(m)-bwaz*	raspberry
le frère	*luh frair*	brother
les frites (f)	*lai freet*	chips
froid	*frwa*	cold
le fromage	*luh frommaj*	cheese
les fruits (m)	*lai frwee*	fruit
la fumée	*la few-mai*	smoke
le/la funambule (m/f)	*luh/la few-no(m)-bewl*	tightrope walker (man/woman)
la fusée	*la few-zai*	rocket

G

French	Pronunciation	English
les galets (m)	*lai gallai*	pebbles
les gants (m)	*lai go(n)*	gloves
le garage	*luh garaj*	garage
le garçon	*luh gar-so(n)*	boy
la gare	*la gar*	station
le gâteau	*luh gattoh*	cake
le gâteau d'anniversaire	*luh gattoh dannee-vair-sair*	birthday cake
à gauche	*a gohsh*	(on/to the) left
le genou	*luh juh-noo*	knee
les gens (m/f)	*lai jo(n)*	people
le gilet	*luh jee-lai*	cardigan
la girafe	*la jee-raf*	giraffe
le givre	*luh jeevr*	frost
la glace	*la glass*	ice cream
le globe	*luh glob*	globe
la gomme	*la gom*	rubber
le gorille	*luh goreey*	gorilla
les graines (f)	*lai grenn*	seeds
grand	*gro(n)*	big
la grand-mère	*la gro(n)-mair*	grandmother
le grand-père	*luh gro(n)-pair*	grandfather
la grande roue	*la gro(n)d roo*	big wheel
le grenier	*luh gruhn-yai*	attic
la grenouille	*la gruh-nooy*	frog
grimper	*gra(m)pai*	to climb
gris	*gree*	grey
gros	*groh*	fat
la grue	*la grew*	crane
la guêpe	*la gep*	wasp
la guirlande	*la geer-lo(n)d*	paper chains
la guitare	*la geetarr*	guitar
la gymnastique	*la jeemnasteek*	gym

H

French	Pronunciation	English
la hache	*la ash*	axe
la haie	*la ai*	hedge
le hamburger	*luh a(m)boor-guhr*	hamburger
le hamster	*luh am-stair*	hamster
le hangar	*luh o(n)gar*	barn
les haricots (m)	*laiz aree-koh*	beans
l'harmonica (m)	*larmoneeka*	mouth organ
haut	*oh*	high
le haut	*luh oh*	top
le haut-de-forme	*luh oh duh form*	top hat
l'hélicoptère (m)	*lellee-koptair*	helicopter
l'herbe (f)	*lairb*	grass
le hérisson	*luh airee-so(n)*	hedgehog
le hibou	*luh eeboo*	owl
l'hippopotame (m)	*leepo-pottam*	hippopotamus
l'hiver (m)	*lee-vair*	winter
l'hôpital (m)	*loh-peetal*	hospital
l'hôtel (m)	*loh-tell*	hotel
l'huile (f)	*lweel*	oil
huit	*weet*	eight

I

French	Pronunciation	English
l'iceberg (m)	*leesbairg*	iceberg
l'île (f)	*leel*	island
l'immeuble (m)	*lee-muhbl*	flats (building)
l'infirmier (m)	*la(n)feerm-yai*	nurse (man)
l'infirmière (f)	*la(n)feerm-yair*	nurse (woman)
l'instituteur (m)	*la(n)stee-tew-tuhr*	teacher (man)
l'institutrice (f)	*la(n)stee-tew-treess*	teacher (woman)
l'interrupteur (m)	*la(n)terrewp-tuhr*	switch
les invités (m)	*laiz a(n)veetai*	guests

J

French	Pronunciation	English
la jambe	*la jo(m)b*	leg
le jambon	*luh jo(m)bo(n)*	ham
le jardin	*luh jarda(n)*	garden
le jardin public	*luh jarda(n) pewbleek*	park
jaune	*joan*	yellow
le jean	*luh djeen*	jeans
jeudi (m)	*juhdee*	Thursday
le jogging	*luh djogeeng*	jogging
le jongleur	*luh jo(n)gluhr*	juggler (man)
la jongleuse	*la jo(n)gluhz*	juggler (woman)
la joue	*la joo*	cheek
jouer	*joo-ai*	to play
les jouets (m)	*lai joo-ai*	toys
le jour du mariage	*luh joor dew marree-aj*	wedding day
le journal	*luh joor-nal*	newspaper
les jours (m)	*lai joor*	days
les jours de fête (m)	*lai joor duh fet*	(public) holidays, special days
le judo	*luh jew-doh*	judo
le juge	*luh jewj*	judge (man/woman)
la jupe	*la jewp*	skirt
le jus de fruits	*luh jew duh frwee*	fruit juice

K

French	Pronunciation	English
le kangourou	*luh ko(n)-gooroo*	kangaroo
le karaté	*luh karatai*	karate
le kayak	*luh kayak*	canoe
le ketchup	*luh ketchup*	ketchup

L

French	Pronunciation	English
le lac	*luh lak*	lake
le lacet	*luh lassai*	shoelace
la laisse	*la less*	lead (dog)
le lait	*luh lai*	milk
la laitue	*la laitew*	lettuce
le lampadaire	*luh lo(m)pa-dair*	street light
la lampe	*la lo(m)p*	lamp
lancer	*lo(n)sai*	to throw
le landau	*luh lo(n)doh*	pram
la langue	*la lo(n)g*	tongue
le lapin	*luh la-pa(n)*	rabbit
le lavabo	*luh lava-boh*	washbasin
le lavage-auto	*luh lavaj-otoh*	car wash

French	Pronunciation	English
le lave-linge	luh lav-la(n)j	washing machine
se laver	suh la-vai	to wash
les légumes (m)	lai laigewm	vegetables
lent	lo(n)	slow
le léopard	luh lai-oh-par	leopard
les lettres (f)	lai letr	letters
les lèvres (f)	lai levr	lips
le lézard	luh laizar	lizard
la lime	la leem	file
le lion	luh lee-o(n)	lion
les lionceaux (m)	lai lee-o(n)soh	lion cubs
lire	leer	to read
le lit	luh lee	bed
les livres (m)	lai leevr	books
la locomotive	la loko-moteev	(train) engine
loin	lwa(n)	far
long	lo(n)	long
le losange	luh lo-zo(n)j	diamond
le loup	luh loo	wolf
lundi (m)	lu(n)dee	Monday
la lune	la lewn	moon
les lunettes (f)	lai lewnett	glasses (to wear)

M

French	Pronunciation	English
le magasin	luh magga-za(n)	shop
le magasin de jouets	luh magga-za(n) duh joo-ai	toyshop
maigre	maigr	thin
le maillot de bain	luh mah-yo duh ba(n)	swimsuit
le maillot de corps	luh mah-yo duh kor	vest
la main	la ma(n)	hand
la maison	la mai-zo(n)	house
la maison de poupée	la mai-zo(n) duh poopai	doll's house
mal	mal	bad
le manchot	luh mo(n)-shoh	penguin
le manège	luh man-aij	roundabout
manger	mo(n)jai	to eat
le manteau	luh mo(n)toh	coat
le marché	luh mar-shai	market
marcher	mar-shai	to walk
les marches (f)	lai ma-rsh	steps
mardi (m)	mar-dee	Tuesday
la mare	la mar	pond
le mari	luh maree	husband
le marié	luh maree-ai	bridegroom
la mariée	la maree-ai	bride
le marin	luh ma-ra(n)	sailor
les marionnettes (f)	lai maree-onett	puppets
marron	ma-ro(n)	brown
le marteau	luh martoh	hammer
le marteau piqueur	luh martoh pee-kuhr	(road) drill
les masques (m)	lai massk	masks
le matin	luh ma-ta(n)	morning
le mécanicien	luh mekka-neess-ya(n)	mechanic, train driver (man)
la mécanicienne	la mekka-neess-yen	mechanic, train driver (woman)
le médicament	luh meddee-kahmo(n)	medicine
le melon	luh muhlo(n)	melon
le menton	luh mo(n)to(n)	chin
le menuisier	luh muhn-weez-yai	carpenter
la mer	la mair	sea
mercredi (m)	mair-kruh-dee	Wednesday
la mère	la mair	mother

French	Pronunciation	English
le mètre	luh maitr	tape measure
la meule de foin	la muhl duh fwa(n)	haystack
le miel	luh m'yell	honey
le miroir	luh meer-wahr	mirror
moi	mwa	me
le monsieur	luh muhss-yuh	man
la montagne	la mo(n)-tan-yuh	mountain
les montagnes russes (f)	lai mo(n)-tan-yuh rewss	rollercoaster
la montgolfière	la mo(n)golf-yair	hot-air balloon
la montre	la mo(n)tr	watch
la moquette	la mo-kett	carpet
les morceaux de bois (m)	lai mor-soh duh bwa	wood
mort	mor	dead
le moteur	luh moh-tuhr	engine
la moto	la mohtoh	motorbike
mou	moo	soft
la mouche	la moosh	fly
le mouchoir	luh moosh-wahr	handkerchief
les mouchoirs en papier (m)	lai moosh-wahr o(n) pap-yai	tissues
la mouette	la moo-ett	seagull
mouillé	moo-yai	wet
les moutons (m)	lai moo-to(n)	sheep
le mur	luh mewr	wall

N

French	Pronunciation	English
la nappe	la nap	tablecloth
la natation	la na-tass-yo(n)	swimming
le navire	luh na-veer	ship
la neige	la naij	snow
neuf	nuhf	new, nine
le nez	luh nai	nose
la niche	la neesh	kennel
le nid	luh nee	nest
Noël (m)	no-ell	Christmas
le nœud papillon	luh nuh papee-yo(n)	bow tie
noir	nwar	black
les nombres (m)	lai no(m)br	numbers
la nourriture	la nooree-tewr	food
les nuages (m)	lai new-aj	clouds
la nuit	la nwee	night

O

French	Pronunciation	English
l'œil (m)	leuh-y	eye
l'œuf à la coque (m)	luhf alla kok	boiled egg
l'œuf au plat (m)	luhf oh pla	fried egg
les œufs (m)	laiz uhf	eggs
les oies (f)	laiz wa	geese
l'oignon (m)	lonn-yo(n)	onion
les oiseaux (m)	laiz wazoh	birds
l'omelette (f)	lom-let	omelette
l'oncle (m)	lo(n)kl	uncle
onze	o(n)z	eleven
orange	oro(n)j	orange (colour)
l'orange (f)	loro(n)j	orange (fruit)
l'orchestre (m)	lor-kestr	orchestra, band
l'ordinateur (m)	lordeena-tuhr	computer
les ordures (f)	laiz ordewr	rubbish
l'oreiller (m)	lorai-yai	pillow
les oreilles (f)	laiz oray	ears
l'os (m)	loss	bone
l'ours (m)	loorss	bear
l'ours blanc (m)	loorss blo(n)	polar bear
l'ours en peluche (m)	loorss o(n) p'lewsh	teddy bear

French	Pronunciation	English
ouvert (m)	*oovair*	open
l'ovale (m)	*lo-val*	oval

P

French	Pronunciation	English
la pagaie	*la paggai*	paddle
le paillasson	*luh pie-a-so(n)*	mat
la paille	*la pie*	straw
le pain	*luh pa(n)*	bread
le pain grillé	*luh pa(n) gree-yai*	toast
la palissade	*la pallee-sad*	fence
les palmes (f)	*lai palm*	flippers
le pamplemousse	*luh po(m)pl-mooss*	grapefruit
le panda	*luh po(n)-da*	panda
le panier	*luh pan-yai*	basket
le pansement	*luh po(n)s-mo(n)*	bandage
le pantalon	*luh po(n)-ta-lo(n)*	trousers
le papier	*luh pap-yai*	paper
le papier de verre	*luh pap-yai duh vair*	sandpaper
le papier hygiénique	*luh pap-yai ee-jyeneek*	toilet paper
le papillon	*luh pa-pee-yo(n)*	butterfly
le papillon de nuit	*luh pa-pee-yo(n) duh nwee*	moth
le paquet de lessive	*luh pa-kai duh lesseev*	washing powder
le parachute	*luh pa-ra-shewt*	parachute
le parapluie	*luh pa-ra-plwee*	umbrella
le parasol	*luh pa-ra-sol*	beach umbrella
parler	*pa-rlai*	to talk
le passage pour piétons	*luh pa-saj poor p'yai-to(n)*	crossing
le patinage	*luh pa-tee-nahj*	ice skating
les patins à glace (m)	*lai pa-ta(n) a glas*	ice skates
les pattes (f)	*lai patt*	paws
la pêche	*la pesh*	fishing, peach
le pêcheur	*luh pesh-uhr*	fisherman
le peigne	*luh penn-yuh*	comb
peindre	*pa(n)dr*	to paint
le peintre	*luh pa(n)tr*	painter
le pélican	*luh pelleeko(n)*	pelican
la pelle	*la pell*	spade
la pelle à ordures	*la pell a ordewr*	dustpan
la pendule	*la po(n)dewl*	clock
la péniche	*la penneesh*	barge
penser	*po(n)sai*	to think
la perceuse	*la pair-suhz*	drill
la perche	*la pairsh*	pole
le père	*luh pair*	father
le père Noël	*luh pair no-ell*	Father Christmas
les perles (f)	*lai pairl*	beads
le perroquet	*luh perrokai*	parrot
la perruche	*la perrewsh*	budgerigar
petit	*puh-tee*	small
le petit déjeuner	*luh puh-tee dai-juh-nai*	breakfast
les petites cuillères (f)	*lai puh-teet kwee-yair*	teaspoons
les petits cochons (m)	*lai puh-tee kosho(n)*	piglets
les petits pains (m)	*lai puh-tee pa(n)*	bread rolls
les petits pois (m)	*lai puh-tee pwa*	peas
le pétrolier	*luh petrol-yai*	oil tanker (ship)
peu	*puh*	few
le phare	*luh fahr*	lighthouse
les phares (m)	*lai fahr*	headlights
le phoque	*luh fok*	seal
les photos (f)	*lai fotoh*	photographs
le/la photographe (m/f)	*luh/la fotoh-graf*	photographer (man/woman)
le piano	*luh pee-anno*	piano
le pied	*luh p'yai*	foot
les pierres (f)	*lai p'yair*	stones
le pigeon	*luh pee-jo(n)*	pigeon
le pilote	*luh pee-lot*	pilot
le pinceau	*luh pa(n)-soh*	paintbrush
le pique-nique	*luh peek-neek*	picnic
la piscine	*la pee-seen*	swimming pool
la piste	*la peest*	runway
la pizza	*la peetza*	pizza
le placard	*luh pla-kahr*	cupboard, wardrobe
le plafond	*luh pla-fo(n)*	ceiling
la plage	*la plaj*	beach
la planche	*la plo(n)sh*	plank
la planche à repasser	*la plo(n)sh a ruh-passai*	ironing board
la planche à roulettes	*la plo(n)sh a roollett*	skateboard
la planche à voile	*la plo(n)sh a vwal*	windsurfing
le plancher	*luh plo(n)shai*	floor
la planète	*la pla-nett*	planet
la plante	*la plo(n)t*	plant
le plateau	*luh pla-toh*	tray
la plate-bande	*la platt-bo(n)d*	flower bed
le plâtre	*luh platr*	cast
plein	*pla(n)*	full
pleurer	*pluh-rai*	to cry
le plongeon	*luh plo(n)-jo(n)*	diving
le plongeur	*luh plo(n)-juhr*	diver
la pluie	*la plwee*	rain
les plumes (f)	*lai plewm*	feathers
le pneu	*luh p'nuh*	tyre
les poches (f)	*lai posh*	pockets
la poêle	*la pwal*	frying pan
la poignée	*la pwan-yai*	door handle
la poire	*la pwar*	pear
le poireau	*luh pwa-ro*	leek
le poisson	*luh pwa-so(n)*	fish
les poissons rouges (m)	*lai pwa-so(n) rooj*	goldfish
la poitrine	*la pwa-treen*	chest (body)
le poivre	*luh pwavr*	pepper
la pomme	*la pom*	apple
les pommes de terre (f)	*lai pom duh tair*	potatoes
la pompe à essence	*la po(m)p a esso(n)ss*	petrol pump
le pompier	*luh po(m)p'yai*	firefighter
le poney	*luh ponai*	pony
le pont	*luh po(n)*	bridge
le pop-corn	*luh pop-korn*	popcorn
la porcherie	*la por-shuh-ree*	pigsty
la porte	*la port*	door
le portemanteau	*luh port-mo(n)toh*	peg (for clothes)
le porte-monnaie	*luh port monnai*	purse
porter	*portai*	to carry
les posters (m)	*lai poss-tair*	posters
le pot de peinture	*luh po duh pa(n)tewr*	paint pot
le poteau indicateur	*luh po-toh a(n)deeka-tuhr*	signpost
les pots (m)	*lai po*	jars
la poubelle	*la poobell*	dustbin
le pouce	*luh pooss*	thumb
le poulailler	*luh poo-lie-yai*	hen house

French	Pronunciation	English
les poules (f)	lai pool	hens
le poulet	luh poolai	chicken
les poupées (f)	lai poo-pai	dolls
pousser	poossai	to push
la poussette	la poossett	pushchair
les poussins (m)	lai poossa(n)	chicks
premier	pruhm-yai	first
prendre	pro(n)dr	to take
près	prai	near
le printemps	luh pra(n)-to(m)	spring (season)
propre	propr	clean
la prune	la prewn	plum
le pull-over	luh pewllo-vair	jumper
les punaises (f)	lai pewnaiz	drawing pins
la purée	la pew-rai	mashed potatoes
le puzzle	luh puhzl	jigsaw
le pyjama	luh pee-jamma	pyjamas

Q

French	Pronunciation	English
le quai	luh kai	platform
quatorze	katorz	fourteen
quatre	katr	four
la queue	la kuh	tail
quinze	ka(n)z	fifteen

R

French	Pronunciation	English
le rabot	luh ra-bo	(shaving) plane
le radiateur	luh radya-tuhr	radiator
la radio	la radyo	radio
les rails (m)	lai rye	railway track
le raisin	luh raiza(n)	grapes
la rame	la ram	oar
ramper	ro(m)pai	to crawl
rapide	rapeed	fast
la raquette	la rakett	racket
le râteau	luh ratto	rake
le rectangle	luh rek-to(n)gl	rectangle
le réfrigérateur	luh rai-free-jaira-tuhr	fridge
regarder	ruh-gardai	to watch, to look
la règle	la raigl	ruler
la remorque	la ruh-mork	trailer
le renard	luh ruh-nar	fox
les renardeaux (m)	lai ruh-nardoh	fox cubs
le renne	luh renn	reindeer
le requin	luh ruh-ka(n)	shark
le rhinocéros	luh reenno-saiross	rhinoceros
le rideau	luh reedoh	curtain
rire	reer	to laugh
la rivière	la reev-yair	river
le riz	luh ree	rice
la robe	la roh	dress
la robe de chambre	la rob duh sho(m)br	dressing gown
le robinet	luh robbee-nai	tap
le robot	luh robboh	robot
les rochers (m)	lai ro-shai	rocks
les rollers (m)	lai rollair	roller blades
les rondins (m)	lai ro(n)da(n)	logs
rose	roz	pink
la rosée	la ro-zai	dew
la roue	la roo	wheel
rouge	rooj	red
le rouleau compresseur	luh roo-loh ko(m)press-uhr	roller
la route	la root	road
le ruban	luh rewbo(n)	ribbon
la ruche	la rewsh	beehive
la rue	la rew	street
le rugby	luh rewg-bee	rugby
le ruisseau	luh rwee-soh	stream

S

French	Pronunciation	English
le sac	luh sak	bag, carrier bag
le sac à dos	luh sak a doh	backpack
le sac à main	luh sak a ma(n)	handbag
les saisons (f)	lai saizo(n)	seasons
la salade	la saladd	salad, lettuce
sale	sal	dirty
la salle d'attente	la sal da-to(n)t	waiting room
la salle de bains	la sal duh ba(n)	bathroom
le salon	luh sa-lo(n)	living room
samedi (m)	sam-dee	Saturday
les sandales (f)	lai so(n)-dal	sandals
le sandwich	luh so(n)d-weech	sandwich
le sapin de Noël	luh sa-pa(n) duh no-ell	Christmas tree
la saucisse	la soh-seess	sausage
le saucisson	luh soh-see-so(n)	salami
sauter	soh-tai	to jump
sauter à la corde	soh-tai alla kord	to skip
le savon	luh sah-vo(n)	soap
la scie	la see	saw
la sciure	la see-ewr	sawdust
le seau	luh soh	bucket
sec	sek	dry
seize	saiz	sixteen
le sel	luh sell	salt
la selle	la sell	saddle
sept	sett	seven
la seringue	la suh-ra(n)g	syringe
le serpent	luh sair-po(n)	snake
la serre	la sair	greenhouse
le serveur	luh sair-vuhr	waiter
la serveuse	la sair-vuhz	waitress
la serviette	la sair-vyet	towel
le short	luh short	shorts
le sifflet	luh see-flai	whistle
le singe	luh sa(n)j	monkey
six	seess	six
le ski	luh skee	skiing
le ski nautique	luh skee nohteek	water skiing
les skis (m)	lai skee	skis
le slip	luh sleep	pants
la sœur	la suhr	sister
le soir	luh swar	evening
les soldats de plomb (m)	lai sol-da duh plo(m)	toy soldiers
le soleil	luh so-lay	sun
sombre	so(m)br	dark
les soucoupes (f)	lai soo-koop	saucers
souffler	soo-flai	to blow
la soupe	la soop	soup
le sourcil	luh soor-see	eyebrow
sourire	sooreer	to smile
la souris	la soo-ree	mouse
sous	soo	under
le sous-marin	luh soo-ma-ra(n)	submarine
les spaghetti (m)	lai spagettee	spaghetti
les sports (m)	lai spor	sport
la statue	la statew	statue
le store	luh stor	(window) blind
le stylo plume	luh stee-lo plewm	fountain pen
le sucre	luh sewkr	sugar
le sumo	luh sewmo	sumo wrestling
sur	sewr	on, over

le surf de neige	*luh suhrf duh naij*	snowboarding
le sweat-shirt	*luh sweat-shirt*	sweatshirt

T

la table	*la tabl*	table
le tableau	*luh tabloh*	plank
le tableau noir	*luh tabloh nwar*	blackboard
le tablier	*luh tablee-ai*	apron
le tabouret	*luh taboo-rai*	stool
les tambours (m)	*lai to(m)-boor*	drums
les tampons (m)	*lai to(m)-po(n)*	buffers
la tante	*la to(n)t*	aunt
les tasses (f)	*lai tass*	cups
la taupe	*la tohp*	mole
le taureau	*luh toh-roh*	bull
le taxi	*luh ta-xee*	taxi
le tee-shirt	*luh tee-shirt*	T-shirt
le téléphone	*luh tai-lai-fon*	telephone
le télescope	*luh tai-lai-skop*	telescope
le télésiège	*luh tai-lai-syaij*	chairlift
la télévision	*la tai-lai-veez-yo(n)*	television
le temps	*luh to(m)*	weather
le tennis	*luh tenneess*	tennis
les tennis (f)	*lai tenneess*	trainers
le tennis de table	*luh tenneess duh tabl*	table tennis
les tentes (f)	*lai to(n)t*	tents
la terre	*la tair*	earth
les têtards (m)	*lai tai-tar*	tadpoles
la tête	*la tet*	head
le thé	*luh tai*	tea
la théière	*la tai-air*	teapot
le thermomètre	*luh tair-mo-metr*	thermometer
le tigre	*luh teegr*	tiger
le tir à l'arc	*luh teer a lark*	archery
la tirelire	*la teer-leer*	money box
tirer	*teerai*	to pull
le tiroir	*luh teerwar*	drawer
le toboggan	*luh to-bo-go(n)*	slide
le toboggan géant	*luh to-bo-go(n) jai-o(n)*	helter-skelter
la toile d'araignée	*la twall darenn-yai*	cobweb
les toilettes (f)	*lai twa-lett*	toilet
le toit	*luh twa*	roof
la tomate	*la tomatt*	tomato
tomber	*to(m)-bai*	to fall
la tondeuse	*la to(n)-duhz*	lawn mower
le tonneau	*luh tonnoh*	barrel
le torchon	*luh tor-shon*	tea towel
la tortue	*la tor-tew*	tortoise
la tour de contrôle	*la toor duh ko(n)trohl*	control tower
le tournevis	*luh toor-nuh-veess*	screwdriver
le tourniquet	*luh toor-neekai*	sprinkler
le tracteur	*luh trak-tuhr*	tractor
le train	*luh tra(n)*	train
le train de marchandises	*luh tra(n) duh mar-sho(n)-deez*	goods train
le train électrique	*luh tra(n) ellek-treek*	train set
le train fantôme	*luh tra(n) fo(n)tohm*	ghost train
le traîneau	*luh trai-noh*	sleigh

le transat	*luh tro(n)-zat*	deck chair
le trapèze	*luh tra-pez*	trapeze
treize	*trez*	thirteen
le triangle	*luh tree-o(n)gl*	triangle
tricoter	*tree-kottai*	to knit
le tricycle	*luh tree-seekl*	tricycle
trois	*trwa*	three
la trompe	*la tro(m)p*	trunk
la trompette	*la tro(m)-pet*	trumpet
le trottoir	*luh tro-twar*	pavement
le trou	*luh troo*	hole
le tunnel	*luh tew-nell*	tunnel
le tuyau d'arrosage	*luh twee-yoh darozaj*	hose
les tuyaux (m)	*lai twee-yoh*	pipes

U

un	*u(n)*	one
l'usine (f)	*lew-zeen*	factory

V

les vacances (f)	*lai va-ko(n)ss*	holiday
la vache	*la vash*	cow
les vagues (f)	*lai vag*	waves
le vaisseau spatial	*luh vaissoh spassee-al*	spaceship
la valise	*la valeez*	suitcase
le veau	*luh voh*	calf
vendredi (m)	*vo(n)-druh-dee*	Friday
le vent	*luh vo(n)*	wind
le ventre	*luh vo(n)tr*	tummy
le ver de terre	*luh vair duh tair*	worm
le verger	*luh vairjai*	orchard
les verres (m)	*lai vair*	glasses (drinking)
vert	*vair*	green
le vestiaire	*luh vest-yair*	changing room
les vêtements (m)	*lai vet-mo(n)*	clothes
le/la vétérinaire (m/f)	*luh/la vai-tairee-nair*	vet (man/woman)
la viande	*la vee-o(n)d*	meat
vide	*veed*	empty
vieux	*vyuh*	old
le village	*luh vee-laj*	village
vingt	*va(n)*	twenty
violet	*vee-olai*	purple
les vis (f)	*lai veess*	screws
vivant	*vee-vo(n)*	alive
la voile	*la vwal*	sail, sailing
la voiture	*la vwa-tewr*	car
la voiture de course	*la vwa-tewr duh koorss*	racing car
la voiture de police	*la vwa-tewr duh poleess*	police car
le voyage	*luh vwa-yaj*	journey, travel

W

les wagons (m)	*lai va-go(n)*	railway carriages

Y

le yaourt	*luh ya-oort*	yoghurt

Z

le zèbre	*luh zebr*	zebra